¡12 Secretos Para Ganar Más Jugando al Tenis!

Joseph Correa

"Lo que deberías estar haciendo y en que deberías estar trabajando para ganar todo el tiempo!"

DERECHOS DEL AUTOR

©2016 FInibi Inc

Todos los derechos reservados.

Este libro o cualquiera de sus partes no podrá ser reproducido o utilizado de ninguna manera sin el expreso consentimiento por escrito del editor excepto por breves citaciones para reseñas en el libro.

El escaneado, la subida o distribución de este libro a través de la Internet o por medio de otros medios sin el expreso consentimiento del editor y el autor es ilegal y podrá ser sancionada por la ley.

Solamente compre ediciones autorizadas de este libro. Por favor consulte con su médico antes de entrenar y utilizar este libro.

DEDICATORIA

Este libro está dedicado a mi padre, Jorge, por todo su apoyo y perseverancia a través de los años. Su amor por el juego me ha mostrado qué tan divertido y complaciente puede ser el tenis.

INTRODUCCIÓN

Las tácticas y la preparación previas al partido juegan una parte importante en el tenis competitivo y saber cómo aplicar esas estrategias e ideas pueden ayudarle a ganar más partidos contra los oponentes más duros. Estas estrategias e ideas le permitirán hacer cuatro cosas:

1. Prepararse para un estilo específico de jugador.
2. Sabrá que estrategias de defensa usar para competir más efectivamente.
3. Cómo utilizar aquellas estrategias basadas en su estilo de juego.
4. Ganar más partidos.

Este libro de estrategias y preparación previas al partido es tamaño bolsillo y deberá llevarlo en su bolso de tenis o donde más fácilmente lo vea para estar siempre listo para aplicar las estrategias más convenientes para cada partido.

ACERCA DEL AUTOR

Hola, mi nombre es Joseph Correa y he estado entrenando y enseñando tenis por más de 15 años. He jugado al tenis profesionalmente por años y soy ahora entrenador profesional certificado por el USPTR (Registro Profesional de tenis de los Estados Unidos).

Luego de años de competir y entrenar con algunos de los mejores del mundo he aprendido que la mayoría de la gente puede ser muy exitosa en la competencia con un correcto entrenamiento mental, físico y emocional.
Está científicamente comprobado que se deben realizar técnicas, ejercicios y etapas paso a paso para alcanzar su máximo potencial y por esa razón, he preparado el primer grupo de DVDs y libros de entrenamiento que muestran como alcanzar sus objetivos.
Con la ayuda de mi trabajo y enseñanza, he ayudado a que cientos de jugadores de tenis, principiantes y profesionales, avancen en sus objetivos físicos, mentales y de rendimiento para obtener grandes resultados.

Le enseño todo lo que necesita para alcanzar sus objetivos y espero que disfrute y comparta estas lecciones e ideas con aquellos a quienes ama.

TABLA DE CONTENIDOS

DERECHOS DEL AUTOR

DEDICATORIA

INTRODUCCION

ACERCA DEL AUTOR

¡12 SECRETOS PARA GANAR MÁS JUGANDO AL TENIS!

Consejo#1: Lanza la pelota más alto en tu saque

Consejo#2: Separa el paso antes de cada tiro "Split-step"

Consejo#3: Invierte más tiempo en tu punto de contacto

Consejo #4: Sigue adelante en   todos tus golpes de fondo

Consejo#5: Trabaja en la consistencia de tu saque para ganar más seguido.

Consejo#6: Devuelve más saques con mejor trabajo de pies.

Consejo#7: Precalienta bien antes del partido para comenzar exitosamente.

Consejo#8: Elonga luego de cada partido para estar listo para tu próximo oponente.

Consejo#9: Trabaja cada punto del partido, especialmente los primeros puntos de cada juego.

Consejo#10: Cierra los partidos decisivamente antes de que sea tarde y tengas problemas al ganar.

Consejo#11: Mantente positivo sin importar el resultado o la situación del partido.

Consejo#12: Usa tu mente para ganar más partidos y desarrolla tu fuerza mental.

BONUS: 5 ERRORES QUE PROBABLEMENTE NO SEPA QUE ESTÁ COMETIENDO

VISTA PREVIA: 54 Ejercicios de Tenis para el juego de hoy: Mejore su consistencia y fuerza
Por Joseph Correa

OTROS TÍTULOS POR JOSEPH CORREA

¡12 Secretos Para Ganar Más Jugando al Tenis!

Joseph Correa

"Lo que deberías estar haciendo y en que deberías estar trabajando para ganar todo el tiempo!"

¡12 SECRETOS PARA GANAR MÁS JUGANDO AL TENIS!

Consejo#1: Lanza la pelota más alto en tu saque

La mayoría de las personas culpan a su brazo golpeador por sus errores pero la mayoría de las veces, esto nada tiene que ver con el balanceo de su brazo. El secreto está en el brazo lanzador.

Los elementos clave para un buen lanzamiento son:

- Mantenga su brazo lanzador relajado y asegúrese de sostener la pelota suavemente. Debería sostener la pelota con las puntas de tus dedos y no con la palma de tu mano.
- Debe trabajar en ubicar la pelota en el aire en lugar de lanzarla al aire. Esto hará su lanzamiento más preciso y consistente.
- El mejor lugar para lanzar la pelota siempre se encuentra un pie hacia delante de su hombro derecho si estuviera de frente a la cancha y haciendo un saque

con o sin efecto. Si estuviera haciendo un saque alto con efecto debería lanzar la pelota detrás de su cabeza o sobre su cabeza, dependiendo del arco que haya creado con su espalda.

Debería practicar su lanzamiento al menos 30 veces antes de golpear la pelota realmente y practicarlo por lo menos 3 veces por semana.

Si su lanzamiento es malo nunca podrá lograr un buen saque, por eso comience a prestarle más atención a su brazo lanzador si desea mejorar su saque.

Consejo#2: Separe sus pasos antes de cada tiro "Split-step"

Algunas personas creen que su lentitud requiere corridas más rápidas o corridas de 5 millas pero no saben que se trata de un entrenamiento más inteligente y no más duro. El "paso separado" no es más que un salto con ambos pies para ayudarlo a prepararse para el ataque de su oponente. Asegúrese de que sus pies se mantengan a una distancia de separación aproximada a la de los hombros para ayudarlo a mantenerse bajo.

El "paso separado" puede realizarse con un salto bajo y rápido o un salto alto y bajo dependiendo de qué tan rápido vaya el punto.

Rápido y corto para peloteos y puntos rápidos. Lento y alto para rebotes altos y más largos, y peloteos más lentos.

¿Cuándo debería hacer el "paso separado"?

Bien, existe un momento preciso cuando debería hacer el salto. Debería hacer el paso separado cuando su oponente está haciendo contacto con la pelota, para reaccionar lo más pronto posible hacia cualquier dirección que lo requiera.

Cómo se practica el paso separado?

Saltar a la soga con ambos pies juntos ayuda a lograr fuerza y stamina para que no se canse al hacerlo durante el partido.

También puede pararse sobre la línea de base y practicar saltando hacia adelante y hacia atrás con ambos pies al mismo tiempo mientras mantiene sus pies separados a la misma distancia de sus hombros.

El entrenamiento pliométrico o entrenamiento de saltos es muy efectivo también para ayudarlo a mejorar su paso separado y por sobre todo, su capacidad de salto.

Lo importante aquí, es realizar el entrenamiento sobre una superficie suave y no sobre exigirse ya que sus rodillas pagarán un alto precio por ello.

Consejo#3: Invierta más tiempo en su punto de contacto

Todos creen estar mirando a la pelota, y lo están, pero no de la forma en que deberían para lograr un contacto claro.

Alguna vez ha notado que los posters de los tenistas profesionales los muestran siempre observando la pelota cuando hacen contacto con ella?

Bueno, eso es porque ellos saben cuán importante es para ellos y para su juego.

El secreto está en aprender a invertir más tiempo y mantener sus ojos en la pelota hasta el punto de contacto y no desviar la mirada demasiado rápido para ver hacia dónde se dirige. Una vez que haya golpeado la pelota ya no puede hacer nada para conducirla dentro de la cancha. Todo lo que importa es el momento en que hace contacto con la pelota.

Intente estas técnicas para ayudarlo a invertir más tiempo en su punto de contacto:

- Cuando haga contacto con la pelota trate de ver qué número tiene la pelota. Parece una locura pero no crea que es imposible. También puede buscar marcas en la pelota pero intentar ver qué número está en la pelota ya es suficiente desafío.

- Intente observar la sombra de su raqueta cuando hace contacto con la pelota para determinar si su raqueta se encuentra en el ángulo correcto para hacer que la pelota vaya en la dirección correcta. Para algunas personas podría ser una raqueta derecha mientras que para otros puede ser una raqueta inclinada para un golpe alto con rebote alto o bajo.
  Cuando balancea su raqueta sus ojos nunca serán lo suficientemente rápidos para verla quieta pero sí puede ver la sombra o silueta que forma cuando la balancea y aquí es donde debe enfocarse para ayudarlo a mantener sus ojos en el punto de contacto.

- Un ejercicio difícil pero divertido es conseguir que alguien le alcance algunas pelotas mientras que las golpea pero no podrá ver hacia dónde se dirigen. Sólo puede enfocarse en dónde le pega a la pelota. Abajo, arriba, a un lado, o al medio es lo que usted debe poder responder cada vez que golpea la pelota. Al principio será difícil resistirse y no mirar donde aterrizan las pelotas y si cae dentro o fuera de la cancha, pero con práctica lo irá logrando más fácilmente.

Consejo#4: Sigue todos tus golpes de fondo

Bajo presión, todos acortamos nuestra terminación de golpe "follow through" pensando que esto ayudará a mantener la pelota dentro de las líneas con más frecuencia, pero la verdad es que resulta exactamente lo opuesto.

Continuar el golpe es necesario para completar su golpe de tenis. Hacer un medio golpe sólo le dará un tiro a medias.

Aún más importante, al repetir el golpe o tiro equivocado (no continuando el golpe) lo alentará a hacer lo mismo en un partido o bajo presión.

La mayoría de la gente tiende a seguir un patrón de acortar su balanceo más y más según aumente su nivel de stress. Para cambiar esto, debe comenzar por hacer de esto un hábito siempre, en todos sus golpes de piso y sus saques.

Un buen ejercicio que usted puede practicar para mejorar

su continuidad en el balanceo es marcar una X en ambos codos cuando comience a golpear las pelotas. Su pareja de práctica o entrenador debería ser capaz de ver la X cada vez que termina su golpe y de esta manera comprobar que ha continuado la terminación en su golpe. Este es un gran ejercicio para jugadores que desean mejorar su continuidad de terminación del golpe en situaciones bajo presión.

Consejo#5: Trabaje en la consistencia de su saque para ganar más seguido

Servir un as y luego cometer una doble falta lo dejará simplemente donde comenzó. Nuevamente iguales y ese no es el objetivo.

El secreto para mejorar la consistencia de su servicio es comenzar con una velocidad lenta y gradualmente incrementar la velocidad para ser más consistente.

Lograr reducir la cantidad de dobles faltas en un partido, puede tener un efecto importante en los resultados de sus partidos.

Ganar uno o dos juegos extras en lugar de regalarlos en forma de dobles faltas puede significar ganar más partidos.

Los elementos básicos para mejorar la consistencia son:
- Agregar efecto a su servicio para adicionarle control y dirección.

- Repetir los mismos movimientos en forma constante. No intente pegarle a la pelota más fuerte cada vez y no cambie sus saques tan seguido que no puede conseguir golpes con rebote bajo o alto por estar variándolos con tanta frecuencia.
- No se apresure. Rebote la pelota más seguido y respire antes de servir para ayudarlo a tranquilizarse.

El servicio no es una carrera, sino que se trata de embocarla adentro de la cancha lo más seguido posible!

Consejo#6: Devuelva más servicios con mejor trabajo de pies

Sus pies están conectados a su cabeza y a su cerebro. Cuanto mejor es su trabajo de pies, mejor reaccionarán sus manos y su cerebro.

Cuando usted se para sobre la línea base para devolver un saque, es como encender un motor. Ese motor necesita pre calentarse antes de alcanzar su potencia máxima. La mejor forma de lograr que su cuerpo esté listo para devolver un servicio es mover sus pies. Dando pequeños saltos, alternando saltos cortos o saltos de soga, son todos un buen punto de partida.

Lo peor que puede hacer para devolver un saque es quedarse parado sobre sus pies planos para asegurarse que está sobre sus dedos o al menos sobre la punta de sus pies.

Adelántese en su devolución de saque para convertir su cuerpo en una pared movible sobre la cual la pelota golpeará cuando usted golpee la pelota.

Dar pasos separados y moverse alrededor antes de devolver un servicio es lo mejor que puede hacer y definitivamente lo ayudará a devolver más saques sin importar qué tan fuerte o con cuánto efecto vengan.

Consejo#7: Precaliente bien antes del partido para comenzar exitosamente

Arrancar con impulso hace una gran diferencia en el mundo y especialmente en los resultados de los primeros sets.

La mayoría de la gente realiza un precalentamiento muy suave que incluye: estirarse, anunciarse al director del torneo o al referí, saludar amigos, y luego dirigirse hacia la cancha para comenzar el partido.

La forma correcta de pre calentar antes de un partido sería:

- Realizar estiramiento dinámico durante 15 minutos (o más tiempo si siente que lo necesita) para preparar todo el cuerpo.
- Correr alrededor de la cancha algunas veces hacia adelante, de costado, y hacia atrás para soltar sus pies y piernas.

- Trate de mantener una suave práctica con alguien con quien se sienta cómodo.

  Asegúrese de practicar todos los tiros que considere que usará en contra de su oponente. Los golpes básicos que siempre debería practicar antes del partido son: golpe delantero, golpe reverso, pelotas altas y saque. Los golpes más avanzados que pueden practicarse en el precalentamiento son: golpe delantero y reverso angular, pelota dejada, rebote bajo, rebote alto, globo, etc.

- Realice un suave precalentamiento con bandas si ha estado utilizando bandas como parte de su entrenamiento pero si no lo ha hecho antes, no comience antes del partido.

- Revise su bolso para asegurarse que tiene algo para beber, empuñaduras extra, toallas, una remera extra, medias extra, un refrigerio saludable, etc.

Consejo#8: Elongue después de cada partido para estar listo para su próximo oponente.

Luego de ganar su partido, probablemente deba jugar un segundo partido dentro de las siguientes 48 horas, lo que significa que cuanto más distendido esté, mejor se desempeñará en los partidos siguientes.

Aprenda a hacerlo como parte de su rutina, sin importar cuáles fueron los resultados del partido, siempre debe elongar después de jugar un partido.

A veces, si gana puede que decida festejar y saltear el elongamiento porque ha ganado y no necesita elongar. Otras veces puede perder y entonces decide ni siquiera molestarte en elongar ya que ha perdido el partido y ahora no importa ya que no tiene otro oponente hoy, mañana o en toda la semana.

La correcta forma de abordar este hábito es comprender que mejorar jugando al tenis requiere constante entrenamiento que no tiene que ocurrir en un día o en una semana. Lleva tiempo desarrollar lentamente su juego y para conseguirlo debe asegurarse de que todas las piezas del rompecabezas sean trabajadas tan seguido como se pueda. Una de las piezas más importantes del rompecabezas incluye tu sistema general de movilidad que supone lograr más agilidad y flexibilidad. El mejor momento para hacer estiramiento es cuando ha precalentado y ha transpirado. Por eso debería hacerlo después de sus partidos.

Consejo#9: Trabaje cada punto del partido, especialmente los primeros puntos de cada juego

Alguna vez se ha preguntado cuál es el punto más importante del partido? Bueno, es cada uno de ellos ya que todos valen lo mismo. Sólo tiene que acumular los suficientes para ganar el partido.

Algunos puntos importan más debido al puntaje o al momento en que son jugados.

Para comenzar con ventaja en todos sus partidos de tenis, priorice trabajar extra duro en los primeros puntos de cada juego para comenzar anotando en todos y cada uno de los juegos.

Las posibilidades siempre estarán a su favor cuando comience ganando los primeros puntos de cada juego y especialmente luego de ganar el primer set. Se dice que la mayoría de la gente que gana el primer set, gana el partido un 70% de las veces, lo que demuestra la importancia de ganar el primer set y conseguirlo desde el primer punto en adelante.

Muchas veces, comenzar con un 15-0 o 30-0 de ventaja en cada juego le da a su oponente un límite mental que no puede negar y se rendirá al pensar que está lejos de conseguir el punto. Esto se verá muchas veces reflejado en tontos errores involuntarios o en puntos agresivos.

Trabaje cada punto del partido y verá que hace maravillas para su juego y se sorprenderá con puntos ganados que no esperaba.

Consejo#10: Cierre los partidos decisivamente antes de que sea muy tarde.

Tiene problemas para ganar? Bueno, tal vez sea porque no hace lo más necesario para ganar un partido de tenis. Ciérrelo! Termínelo!!

Lo más difícil en un partido de tenis, muchas veces es cerrarlo. Si no puede cerrar un partido, nunca ganará partidos ni torneos. La verdad es que se aprende mucho de las derrotas pero aprenderá a disfrutar del juego cuando gane.

Ganar y cerrar un partido es importante así que revisemos algunas cosas importantes para hacer cuando tiene la oportunidad de cerrar un partido.

Primero, piense en lo que ha estado haciendo para ganar puntos en el partido ya que probablemente tenga una mayor chance de ganar haciendo lo mismo que hizo allí.

Segundo, no deje que su cuerpo se enfríe. Manténgase en movimiento y su cabeza en alto sin importar cuán cansado esté.

Tercero, manténgase positivo! Si su oponente lanza un tiro imposible y no pudo hacer nada al respecto, no se estreses ni se desaliente. Cuántos tiros imposibles seguidos cree que puede lanzar? No los suficientes para mantenerle lejos de ganar el punto del partido.

Cuarto, aprenda a no apresurarse en el punto que gana el partido. La mayoría de los errores y malas decisiones ocurren cuando uno se apresura. Tómese su tiempo y haga las cosas a su paso, aún cuando su oponente se queje de que va muy lento.

Por último, aprenda a transferir la presión hacia su oponente atrayéndolo a la red y obligándolo a hacer una volea o simplemente pasándolo. Los globos o pelotas sobre la cabeza son tiros odiados que transmiten presión. También puede correr hacia la red sobre su lado más débil y forzarlos a que le pasen en lugar de jugar seguro.

Consejo#11: Manténgase positivo sin importar el resultado o situación del partido

Perder un punto, o dos, o inclusive un juego entero no es razón suficiente para derrochar el resto del set o del partido debido a la negatividad.

Muy frecuentemente veo a los jóvenes jugadores perder puntos importantes o un set y luego desperdiciar el siguiente set. Esta pérdida de temperamento o paciencia necesita ser corregida con pensamientos positivos y convicción de que aún tienen una buena chance de ganar el partido.

Más y más seguido los jugadores de tenis profesionales contratan psicólogos deportivos para que los ayuden con su dureza mental simplemente porque entienden cuán significativo puede ser este aspecto en su juego. La mayoría de las veces los atletas profesionales son enseñados a mantenerse positivos bajo situaciones de presión. Sin importar de donde provenga la presión.

Algunas de las mejores maneras de entrenarse para mantenerse positivo son:

- Escriba en un palito "mantente positivo" o "no te rindas" o "sigue luchando" y péguelo en la parte interna de su raqueta donde pueda verlo. El interior del cuello de la raqueta justo arriba de la empuñadura, suele ser el mejor lugar. Esto le ayudará a recordar lo que necesita hacer.
- Mantenga una imagen positiva de si mismo. Como se lleva a si mismo reflejará cómo le ve su oponente y ellos deberían verle con: la cabeza en alto, los hombros hacia atrás, moviendo sus pies, la espalda derecha, etc.
- En el cambio de lado, ponga su toalla sobre su cabeza y olvídese de todo y simplemente respire. Una vez que deje la toalla y se ponga de pie, debe reflejar la imagen de un campeón como si ya hubiera ganado el partido.

Consejo#12: Use su mente para ganar más partidos y desarrolle su fuerza mental

El músculo más importante de su cuerpo es usualmente el menos utilizado pero no debería ser así.

Su cerebro puede ser su gran aliado o su peor enemigo. Saber cómo usarlo puede beneficiar a cada jugador en cada nivel. Debe aprender a mejorar su enfoque, concentración, calma, proceso de pensamiento y mantenerse positivo.

Intente estas técnicas:

- Utilice frases positivas como: tú puedes hacerlo, sigue así, ahora es tu oportunidad, haz un buen saque, sigue corriendo, un punto más, y mantén tu cabeza en alto.
- Use lenguaje corporal positivo para programar su cerebro hacia el éxito.
- Mantenga su mente y sus ojos en la pelota y en su cancha solamente.

- Trabaje más en consistencia ya que es una de las mejores formas de aumentar su capacidad de concentración y enfoque. Ganar un punto es bueno pero para ganar el partido se requiere más de un punto.
- Respire entre medio de cada punto, durante los puntos y en los cambios de lado. No mantenga la respiración ya que su cerebro necesita oxígeno para trabajar y mantenerse focalizado.
- Practique entrenamiento visual para ayudar a sus ojos a mantenerse enfocados en la pelota.
- Realice algunos ejercicios de visualización previas al partido para ayudarle a prepararse para lo que necesita hacer en la cancha más tarde o al día siguiente. Para algunas personas, esto es increíblemente poderoso, así que inténtalo. Visualice el partido, los puntos y los golpes que quiere hacer en su mente así su cuerpo sabrá que hacer.

El mejor libro de estrategias por aquí: 32 estrategias de tenis para el juego de hoy

32 Estrategias de tenis para el juego de hoy por Joseph Correa

Joseph Correa, jugador profesional y entrenador, te enseña las estrategias más importantes del tenis que hay por aquí para ayudarte a maximizar tu potencial.

Aprende acerca de:
- Estrategias básicas del tenis
- Estrategias avanzadas del tenis
- Estrategias mentales del tenis

…. Y más… Algunas de las estrategias que aprenderás son:
- Cómo vencer a un jugador polivalente. Aprenderás: Cómo vencer al "corredor de red". Cómo sobreponerse a los "globos". Qué hacer luego de una doble falta. Aprende de los mejores con este gran libro de estrategias del tenis que te llevará a ganar más partidos usando la estrategia correcta para cada situación. Cada jugador es diferente a su manera.

Algunos jugadores prefieren quedarse en la línea de base, mientras que otros prefieren correr hacia la red. Este libro le dará las respuestas a sus preguntas de estrategias.

- Estas 32 estrategias le enseñarán como vencer distintos tipos de jugadores y te ayudará a sobreponer tus obstáculos mentales mediante estrategias mentales específicas que están incluidas en este libro.

BONUS: 5 ERRORES QUE PROBABLEMENTE NO SEPA QUE ESTÁ COMETIENDO

#1 ¿Se encuentra a veces mirando partidos de otras personas?
Comience a enfocarse en su propio partido y no en sus alrededores

#2 ¿Se ha encontrado alguna vez parado alrededor de la cancha?
Trabaje en mantener sus pies en movimiento cuando no está en el cambio de lado. Esto es algo muy simple pero muy efectivo, así que comience a hacerlo.

#3 ¿Se da por vencido luego de perder el primer set?
La mayoría de las personas no se dan cuenta de lo rápido que pasa el segundo set luego de haber perdido el primero. No permita que perder el primer set le desanime. Configure su mente en trabajar punto por punto y juego por juego y no set por set.

#4 ¿Caminas directo al cambio de cancha en lugar de sentarte?

El 90% del partido se juega en tu mente así que debes aprender a tomarte tu tiempo para sentarte y pensar las cosas. Haz cambios y ajusta lo que necesita ser ajustado hasta que estés jugando de la mejor forma y utilizando las estrategias correctas para ganar más puntos.

#5 ¿No necesitas beber ningún líquido la mañana o la noche anterior al partido?

De dónde crees que sale todo el sudor cuando juegas tu primer set? Has adivinado! De los líquidos que bebiste por lo menos una hora antes del partido. Tener que ir al baño no es un problema, pero deshidratarse sí. Bebe líquidos antes y después del partido ya que no sabes si tendrás que jugar un tercer set o si tendrás que jugar dos partidos en un día.

VISTA PREVIA: 54 Ejercicios de Tenis para el juego de hoy: Mejore su consistencia y fuerza Por Joseph Correa

CAPÍTULO 1: Ejercicios con máquina lanza-pelotas de tenis

1. Golpeando sobre la soga de derecha cruzado

En este ejercicio deberá golpear tiros de derecha cruzados sobre la soga con efecto alto o pelotas planas que son lanzadas a usted por alguien más del otro lado de la red. Asegúrese trabajar en la profundidad y el control.

2. Golpeando sobre la soga de revés cruzado

En este ejercicio deberá lanzar reveses cruzados con efecto alto o pelotas bajas sobre la soga que le son lanzadas por alguien más del otro lado de la red. Asegúrese trabajar la profundidad y el control.

3. Golpeando sobre la soga hasta la línea de derecha

Para este ejercicio debería lanzar sobre la soga golpes altos con efecto de derecha hasta la línea y lograr que la pelota aterrice lo más lejos posible dentro de la cancha. Asegúrese de concentrarse en terminar su golpe y usar sus piernas para generar efecto. Este puede ser un gran golpe ofensivo si su oponente tiene un revés débil o tiene problemas con las pelotas de media altura o con las pelotas altas. Los tiros planos están permitidos pero este ejercicio es más efectivo si es realizado con golpes altos con efecto.

¡12 Secretos Para Ganar Más Jugando al Tenis!

4. Golpeando sobre la soga hasta la línea de revés

Para este ejercicio debería lanzar sobre la red un tiro alto con efecto de revés hasta la línea y hacer aterrizar la pelota lo más lejos posible dentro de la cancha. Asegúrese de concentrarse en completar su tiro y usar sus piernas para generar el efecto. Este puede ser un gran tiro ofensivo si su oponente está atacando a su revés y usted necesita hacer que corran con un tiro seguro. Los tiros planos están permitidos pero este ejercicio es más efectivo si se realiza con tiros altos con efecto.

5. Golpeando sobre la soga alternando derecha y revés cruzados

Para este ejercicio usted debería golpear sobre la red con un tiro alto con efecto de derecha cruzado y luego el siguiente tiro con un revés cruzado. Continúe haciendo esto hasta finalizar el ejercicio. Trabaje en mantener la pelota en la parte lejana de la cancha. Asegúrese de completar su tiro y de usar sus piernas para generar el efecto. Este puede ser un gran tiro ofensivo si su oponente no se mueve bien. Los tiros planos son permitidos pero este ejercicio es más efectivo si se realiza con tiros altos con efecto.

6. Golpeando sobre la soga alternando derecha y revés hasta la línea

Para este ejercicio debería lanzar sobre la red un tiro con efecto alto de derecha hasta la línea y el siguiente tiro con su revés hasta la línea. Continúe así hasta finalizar el ejercicio. Trabaje en mantener la pelota en la parte más lejana de la cancha. Asegúrese de completar su tiro y de usar sus piernas para generar el efecto. Este puede ser un gran tiro ofensivo si su oponente no se mueve bien. Los tiros planos están permitidos pero este ejercicio es más efectivo si se realiza con tiros altos con efecto.

7. Golpeando por debajo de la soga de derecha

Para este ejercicio debería lanzar por debajo de la soga con un tiro de derecha cruzado alto con efecto o plano y hacer que la pelota aterrice en la parte más lejana de la cancha. Asegúrese de concentrarse en completar su tiro y usar sus piernas para generar el efecto. Este puede ser un gran tiro ofensivo si su oponente tiene un tiro de derecha más débil que el suyo. Los tiros planos están permitidos pero este ejercicio es más efectivo si es realizado con golpes altos con efecto.

8. Golpeando por debajo de la soga de revés

Para este ejercicio debería golpear por debajo de la soga un tiro de revés cruzado con efecto alto o plano y hacer que la pelota aterrice en la parte más lejana de la cancha. Asegúrese de completar su tiro y usar sus piernas para generar el efecto. Este puede ser un gran tiro ofensivo si su oponente tiene un revés más débil que el suyo. Los tiros planos son aceptados pero este ejercicio es más efectivo si es realizado con tiros altos con efecto.

9. Golpeando por debajo de la soga hasta la línea de derecha

Para este ejercicio usted debería golpear por debajo de la soga de derecha con efecto alto o plano y hacer que la pelota aterrice en la parte más lejana de la cancha. Asegúrese de completar su tiro y usar sus piernas para generar el efecto. Este puede ser un gran tiro ofensivo si su oponente tiene un revés débil. Los tiros planos son aceptados pero este ejercicio es más efectivo si es realizado con tiros altos con efecto.

10. Golpeando por debajo de la soga hasta la línea de revés

Para este ejercicio debería golpear por debajo de la soga un tiro de revés con efecto alto o plano hasta la línea y hacer que la pelota aterrice en la parte más lejana de la cancha. Asegúrese de completar su tiro y usar sus piernas para generar el efecto. Este puede ser un gran tiro ofensivo si su oponente tiene un revés débil en carrera. Los tiros planos son aceptados pero este ejercicio es más efectivo si es realizado con tiros altos con efecto

11. Golpeando por debajo de la soga alternando golpes de derecha y de izquierda cruzados

Para este ejercicio debería golpear por debajo de la soga un tiro de derecha cruzado con efecto alto y el siguiente tiro de revés cruzado. Continúe de la misma forma hasta completar el ejercicio. Asegúrese de completar su tiro y usar sus piernas para generar el efecto. Este puede ser un gran tiro ofensivo si su oponente no se mueve bien. Los tiros planos son aceptados pero este ejercicio es más efectivo si es realizado con tiros altos con efecto

12. Golpeando por debajo de la soga alternando golpes de derecha y de revés hasta la línea.

Para este ejercicio debería golpear por debajo de la soga un tiro de derecha con efecto alto hasta la línea y luego el siguiente tiro de revés hasta la línea. Continúe haciendo esto hasta completar el ejercicio. Asegúrese de completar su tiro y usar sus piernas para generar el efecto. Este puede ser un gran tiro ofensivo si su oponente no se mueve bien. Los tiros planos son aceptados pero este ejercicio es más efectivo si es realizado con tiros altos con efecto.

OTROS TÍTULOS POR JOSEPH CORREA

Programa de entrenamiento de Saque fuerte de tenis

Este DVD le enseñará cómo realizar saques 10-20mph más rápidos con un programa de 3 meses, día a día. El mejor programa de entrenamiento de saques en el mercado. El video incluye un cuadro de entrenamiento de 3 meses y un manual paso a paso. Este DVD le muestra cómo hacer los ejercicios correctamente y el proceso que debería seguir para lograr el éxito en el programa.

Joseph Correa es un tenista profesional y entrenador que ha competido y enseñado por todo el mundo torneos ITF y ATP por varios años. Además de ser un tenista profesional posee la certificación de entrenador profesional de USPTR y la certificación ITF para entrenar niños.

Las 33 leyes del tenis

Las 33 leyes del tenis es un libro repleto de conceptos valiosos del tenis que le ayudarán a ser un mejor y bien preparado tenista. Escrito por un tenista profesional y entrenador de los Estados Unidos. Es un libro muy útil que será de gran ayuda cuando menos lo esperas y le recordará muchas pequeñas pero importantes cosas antes de competir.

Trabajo de pies y cardio para el tenis por Joseph Correa

Joseph Correa es un tenista profesional y entrenador que ha competido y enseñado por todo el mundo torneos ITF y ATP por varios años. Además de ser un tenista profesional posee la certificación de entrenador profesional de USPTR y la certificación ITF para entrenar niños.

Póngase en forma y mejore su movilidad dentro y fuera de la cancha de tenis. Su trabajo de pies mejorará drásticamente, asimismo reforzará su centro y cuerpo superior. Este es definitivamente valioso para un jugador de tenis sin importar su nivel. Será más rápido, más fuerte y más ágil en la cancha. También notará un incremento en la aceleración de sus golpes de piso y sus saques. Creado por un tenista profesional para otros jugadores para que avancen en su juego y ganen más partidos.

Tenis Yoga por Joseph Correa

Tenis Yoga por Joseph Correa es una gran forma de mejorar su flexibilidad y agilidad en la cancha. Alcance más pelotas y sufra menos lesiones. Es una gran manera de ganar más al trabajar en una parte diferente de su juego. El DVD dura aproximadamente 30 minutos. Utilizado por tenistas principiantes y profesionales para mejorar su juego y durar más en los partidos. Esta es la mejor manera para que un tenista sea más flexible y se libere de las más comunes lesiones de espalda, rodilla, hombros, tendones, pantorrilla y cuádriceps. Se alegrará de empezar! Esta es una versión mejorada de nuestra MBS Tenis Yoga 2012.

Abs del tenis por Joseph Correa

Los Abs del tenis es una gran forma de reforzar su centro para saques, golpes derechos y reveses más poderosos, así también como voleas más fuertes. Los abdominales son fundamentales para un juego mejor. Este DVD trabaja con varios tipos de ejercicios, sentadillas, y abdominales laterales y también ejercicios para la espalda que no encontrará en ningún otro video de abdominales. ¡Siéntase con gran confianza cuando se cambia la camiseta durante su partido y golpee la pelota más fuerte!